LOUISE REBERS

ESPUMA

• KOCHBUCH •

Alle Ratschläge in diesem Buch wurden vom Autor und vom Verlag sorgfältig erwogen und geprüft. Eine Garantie kann dennoch nicht übernommen werden. Eine Haftung des Autors beziehungsweise des Verlags für jegliche Personen-, Sach- und Vermögensschäden ist daher ausgeschlossen.

Email: info@edition-lunerion.de
www.edition-lunerion.de

Psiana eCom UG
Berumer Str. 44
26844 Jemgum

Vorwort

Ob Pistazien-Chantilly, Trüffelschaum oder Estragon-Espuma: Allein die Bezeichnung lässt von außergewöhnlichem Exquisit-Genuss träumen und das tatsächliche Geschmackserlebnis ist dann wahrlich keine Enttäuschung. Das Beste daran? Es klingt zwar raffiniert-kompliziert, ist aber ganz einfach – und mit diesem Rezeptbuch klappt's kinderleicht zuhause.

Espuma ist spanisch und lässt sich mit „Schaum" übersetzen und nichts anderes ist es: die aufgeschäumte Serviervariante von Saucen, Suppen, Dips, Desserts und vielem mehr nach eine Idee des 3-Sterne-Kochs Ferran Adrià. Ob reizvoll platzierter Saucenklecks auf einem feinen Stück Fleisch, verführerische Mousse-Desserts oder einzigartig schaumig-cremige Drinks, als Espuma servierte Speisekompositionen bieten besonderen Essgenuss und sind gleichzeitig ein toller Hingucker. Dank unkompliziertem Espuma-Zubereiter sowie der Rezeptauswahl in diesem Buch können Sie auch am heimischen Abendbrottisch für Gourmetrestaurant-Feeling sorgen und von Dips, Saucen und Sahne-Chantillys über Cocktails, Shakes und Desserts bis hin zu feinen Süppchen und außergewöhnlichen Salaten mühelos verführerische Schaumkreationen auf den Teller zaubern. Auch Hauptgerichte mit Espuma-Abrundung als Geschmacksgeber kommen nicht zu kurz und für Fleischfans, Fischliebhaber, Veggies und Naschkatzen ist jede Menge Abwechslung geboten.

Guten Appetit!

INHALT

Schaumkunst: Die Grundlagen von Espuma

Für alle Leser und Köche, die das Wort Espuma zum ersten Mal hören, eine kurze Erklärung: Espuma ist Spanisch und bedeutet ins Deutsche übersetzt „Schaum". In Bezug auf Essen bedeutet das konkret, dass nicht nur Sahne, sondern auch Soßen verschiedenster Art aufgeschäumt werden können. Der Drei-Sterne-Koch Ferran Adrià entwickelte in seinem Restaurant eine Methode, durch die Soßen und Suppen in Schaumform auf dem Teller platziert werden können. Dadurch entstand eine besondere Genuss-Variante für seine Gäste. Außerdem sorgt der Schaum auf dem Teller für einen echten Hingucker.

Mit der Zeit entwickelten sich zahlreiche Espuma-Varianten aus dieser Idee. Zunächst war in den Rezepten stets Sahne enthalten, da sie für den nötigen Halt sorgte. Doch der Markt machte Fortschritte und entwickelte spezielle Schaumspender. Mit Distickstoffmonoxid werden die Soßen darin auch ohne Sahne mit Hochdruck aufgeschäumt und direkt auf den Teller gegeben. Einfache, kalte Varianten können außerdem direkt in diesen Spendern hergestellt werden.

Die Handhabung dieser Schäumer ist in der Regel sehr einfach. Beachten Sie dabei die Bedienungs- und Pflegeanleitung des Herstellers. Einige von ihnen haben möglicherweise eine Temperaturgrenze, andere sind hitzebeständiger.

In diesem Buch erhalten Sie zahlreiche abwechslungsreiche Rezepte für Espuma. Des Weiteren werden Sie in den Kategorien Hauptgerichte einige Rezepte finden, mit denen der Espuma kombiniert werden kann.

UTENSILIEN: DAS BRAUCHEN SIE FÜR DIE ESPUMA-ZUBEREITUNG

Einen Espuma-Zubereiter: Der Markt bietet einige hervorragende Geräte, die sich für die Schaumzubereitung eignen. Sie funktionieren mit einer Distickstoffmonoxid-Kartusche. Durch sie lassen sich mit wenigen Handgriffen locker und luftige Espuma-Varianten zubereiten. Durch die verschiedenen Aufsätze können Sie die Form des Schaums beeinflussen.

Mixer: Soßen, Suppen und Dips sollten keinerlei Stücke enthalten. Dafür müssen die Zutaten zunächst mit einem Mixer püriert werden.

Ein feines Sieb: Einige Zutaten sollten vor dem Aufschäumen zusätzlich passiert werden. Dafür eignet sich ein sehr feines Sieb. Dadurch wird der Schaum sehr fein und der Espuma-Zubereiter wird vor Verstopfungen geschützt.

DIE HÄUFIGSTEN FEHLER BEI DER ZUBEREITUNG VON ESPUMA

Bei der Herstellung von Espuma gibt es einige Dinge zu beachten. Einige Fehler in der Handhabung des Zubereiters können dazu führen, dass der Schaum nicht gelingt.

Fehler 1: Die Gas-Patronen zu spät eindrehen. Nachdem Sie den Espuma-Zubereiter befüllt haben, sollten Sie die Gas-Patronen sofort eindrehen. Beachten Sie dabei die Menge der Flüssigkeit und die Angaben des Herstellers. In der Regel werden für 500 ml Flüssigkeit zwei Patronen benötigt.

Fehler 2: Das Eindrehen der Patronen. Beim Eindrehen der Patronen müssen Sie die verschlossene Flasche kopfüber drehen. Dadurch kann das Gas direkt nach oben steigen.

Fehler 3: Nicht schütteln. Vor dem Sprühen sollten Sie die Flasche mindestens 30 Sekunden lang schütteln. Je nach Rezept ist es möglich, dass sich die Zutaten während der Ruhezeit voneinander getrennt haben. Durch das Schütteln gehen Sie sicher, dass sich eine homogene Masse gebildet hat und der Schaum gleichmäßig austritt.

Fehler 4: Keine Textur. Sollten Sie sich bereits abseits vorgegebener Rezepte ausprobieren wollen, ist es wichtig zu wissen, dass jeder Schaum einen Texturgeber braucht. Erst dadurch kann der Schaum seine Textur annehmen und behalten. Gängige Texturgeber sind Fett (bspw. Sahne), Ei, Stärke (bspw. aus Kartoffeln) und Gelatine. Auch modernere Mittel wie Agar Agar eignen sich teilweise für Espuma-Rezepte.

SO GELINGT DER ESPUMA: TIPPS UND TRICKS FÜR DEN PERFEKTEN SCHAUM

Tipp 1: Sauberkeit. Achten Sie bei der Handhabung des Espuma-Zubereiters besonders auf Sauberkeit. Nehmen Sie ihn nach Gebrauchsanweisung auseinander und reinigen Sie jeden Teil gründlich. Durch die Lagerung im Kühlschrank fühlen sich Bakterien hier nämlich sehr wohl.

Tipp 2: Warmer Schaum. Sollten Sie warmen Schaum, Suppen oder Soßen herstellen, verwenden Sie am besten Eiweiß, Fett oder Stärke als Bindemittel. Gelatine eignet sich hingegen besser für kalte Varianten.

Tipp 3: Kalter Schaum und Sahne. Sollten Sie mit Sahne zubereiteten Schaum servieren, achten Sie stets auf die Temperatur. Je kälter die Sahne, desto schaumiger wird sie später.

Tipp 4: Der richtige Aufsatz. Bei der Wahl für den richtigen Aufsatz kommt es darauf an, welche Zutaten Sie für den Espuma verwendet haben und welche Konsistenz er haben soll. Für einen Dip oder Soßen eignet sich ein großer Aufsatz. Für Tortendekoration aus Sahne sollten Sie hingegen einen kleinen bis mittleren Aufsatz nutzen.

ESPUMA HERSTELLEN: EINE EINFACHE SCHRITT-FÜR-SCHRITT-ANLEITUNG

1. Rühren Sie die Soße, den Dip oder die Suppe an.
2. Pürieren Sie alles sorgfältig. Es sollten keine Stücke in den Espuma-Zubereiter gelangen.
3. Verschließen Sie den Zubereiter kräftig.
4. Drehen Sie jetzt je nach Füllmenge 1 bis 2 Gas-Patronen in die dafür vorgesehene Vorrichtung. Achten Sie dabei auf die Angaben des Herstellers. Gehen Sie dabei sicher, dass die Patronen vollständig entleert sind. Achten Sie also auf das Zischen, welches auf ausweichendes Gas hinweist.
5. Drehen Sie die Patronen und Vorrichtung für die Gas-Patronen jetzt ab und nutzen Sie einen normalen Verschluss.
6. Je nach Rezept soll die Flasche mit dem Espuma jetzt einige Stunden in den Kühlschrank. Die leeren Gas-Patronen sollten nicht mit in den Kühlschrank gestellt werden.
7. Schütteln Sie die Flasche vor dem Garnieren kräftig.
8. Drehen Sie einen passenden Aufsatz auf und spritzen Sie den Espuma mithilfe des Hebels heraus.

SO KÖNNEN SIE DEN SCHAUM VERWENDEN

Die Espuma-Zubereitung ist besonders vielseitig. Von herzhaft bis süß, über sahnig. Die schaumigen Zubereitungen können als Dip oder Soße für Rohkost, Pommes oder Gemüse verwendet werden. Außerdem eignen sie sich für die Zubereitung von Desserts und die Kombination mit Fleisch und Fisch. Mit den folgenden Rezepten und ihren Schaumbereitern können Sie also ein Drei-Gänge-Menü anrichten. Der Espuma macht dabei eine hervorragende Figur auf dem Teller.

Hinweis zu den folgenden Rezepten: Ein Großteil der Rezepte wird mit einer Portion von 500 ml Schaum angegeben. Die angegebenen Nährwerte in diesen Rezepten sind auf 8 Portionen bezogen. Beachten Sie, dass der Schaum, je nach Zutaten, einige Tage in der Flasche gelagert werden kann.

IHRE ESPUMA-EINKAUFSLISTE

- Eier
- Gelatine in Blattform
- Sahne
- Milch, Buttermilch, Kokosmilch
- Honig
- Beeren: Himbeeren, Brombeeren, Heidelbeeren, weitere Beeren nach Wahl und Saison
- Mango
- Zitronen, Limetten, Orangen
- Apfelsaft, Mango-Apfelsaft, Multivitaminsaft, Orangensaft
- Schokolade
- Kuvertüre, weiß oder dunkel
- Backkakao
- Lachs, Thunfisch oder anderer Fisch nach Wahl
- Kartoffeln
- Außerdem: Salz, Pfeffer, Muskatnuss, Curry, weitere Kräuter nach Wahl
- Dill, Petersilie

Herzhafter Schaum

PARMESAN-ESPUMA

500 ml

30 Min.

Leicht

Zutaten

360 ml Milch
200 g Parmesan
120 ml Sahne
Je 1 Prise Salz und Pfeffer

Nährwerte p. P.

128 kcal
3 g Kohlenhydrate
9 g Fett
8 g Eiweiß

1 Erwärmen Sie die Milch langsam in einem kleinen Topf. Verwenden Sie dabei eine mittlere Wärmezufuhr und rühren Sie die Milch regelmäßig um.

2 Rühren Sie jetzt den Parmesan unter und lassen Sie die Mischung 20 Minuten lang ziehen.

3 Geben Sie jetzt die Sahne, Pfeffer und Salz hinzu und rühren Sie die Zutaten ein.

4 Füllen Sie die Mischung durch ein Sieb in den Espuma-Zubereiter. Drehen Sie die Gas-Patronen ein und schütteln Sie den Zubereiter kräftig.

5 Lassen Sie ihn jetzt für mindestens 6 Stunden im Kühlschrank ruhen.

SAFRAN-ESPUMA

500 ml

10 Min.

Leicht

Zutaten

50 ml Weißwein
150 ml Gemüsefond
25 ml Noilly Prat Wermut (Französischer Wermut)
1 g Safran, gemahlen
Je 1 Prise Salz, Pfeffer und Zucker
200 ml Sahne (mind. 32 % Fettanteil)

Nährwerte p. P.

82 kcal
6 g Kohlenhydrate
4 g Fett
6 g Eiweiß

1 Kochen Sie Weißwein, Gemüsefond und Noilly Prat Wermut bei mittlerer Wärmezufuhr auf.

2 Rühren Sie Safran, Salz, Pfeffer und Zucker unter, während die Mischung leicht kocht. Nehmen Sie den Topf jetzt vom Herd und rühren Sie die Sahne unter.

3 Geben Sie die Soße durch ein Sieb und füllen Sie sie in den Espuma-Zubereiter. Verschließen Sie ihn kräftig. Drehen Sie die Gas-Patronen ein.

4 Stellen Sie die Flasche für 3 Stunden in den Kühlschrank.

Tipp: Dazu passen Garnelen, Dill und Baguettes.

MOUSSE À LA GORGONZOLA

500 ml

10 Min.

Leicht

Zutaten

60 ml Olivenöl
100 ml Milch
150 g reifer Gorgonzola
Je 1 Prise Salz und Pfeffer
190 ml Sahne

Nährwerte p. P.

162 kcal
2 g Kohlenhydrate
15 g Fett
3 g Eiweiß

1 Vermengen Sie alle Zutaten, bis auf die Sahne, und pürieren Sie alles für 30 Sekunden in einem Standmixer.

2 Rühren Sie jetzt die Sahne ein und füllen Sie die Soße durch ein feines Sieb direkt in den Espuma-Zubereiter.

3 Verschließen Sie diesen sorgfältig und geben Sie die Gas-Patronen in das Gerät.

4 Stellen Sie die Flasche jetzt für mindestens 1,5 Stunden in den Kühlschrank.

POMMES-DIP

500 ml 10 Min. Leicht

Zutaten

20 g Korianderstängel
60 g Mayonnaise
90 g Sahne
280 g Ketchup
140 ml Ananassaft

Nährwerte p. P.

106 kcal
9 g Kohlenhydrate
7 g Fett
1 g Eiweiß

1 Waschen Sie die Korianderstängel und lassen Sie sie abtropfen. Pürieren Sie alle angegebenen Zutaten kräftig miteinander.

2 Füllen Sie die Soße in den Espuma-Zubereiter und verschließen Sie ihn. Schrauben Sie die Gas-Patronen ein.

3 Stellen Sie die Flasche im Anschluss für mindestens 30 Minuten in den Kühlschrank.

SENF-SCHAUM

300 ml

10 Min.

Leicht

Zutaten

2 EL Dijonsenf
1 EL mittelscharfer Senf
75 ml Apfelsaft
75 ml Sahne
2 Prisen Salz
1 Prise Zucker

Nährwerte p. P.

121 kcal
8 g Kohlenhydrate
9 g Fett
1 g Eiweiß

1 Pürieren Sie alle Zutaten in einem Standmixer zu einer homogenen Masse.

2 Füllen Sie diese durch ein feines Sieb in den Espuma-Zubereiter. Drehen Sie ausreichend Gas-Patronen ein.

3 Geben Sie die Flasche bis zum Servieren in den Kühlschrank. Schütteln Sie diese, bevor Sie den Senf-Schaum anrichten.

ESPUMA MIT TOMATE-BASILIKUM

500 ml

10 Min.

Leicht

Zutaten

½ Bund Basilikum
2 ½ Blätter Gelatine
Etwas Wasser
300 ml passierte Tomaten
3 EL Tomatenmark
1 TL Salz
1 Prise Pfeffer
100 ml Sahne
1 TL Zucker
5 Tropfen Tabasco

Nährwerte p. P.

69 kcal
5 g Kohlenhydrate
4 g Fett
2 g Eiweiß

1 Waschen Sie das Basilikum und lassen Sie es abtropfen. Weichen Sie die Gelatine für 10 Minuten in ausreichend Wasser ein. Nehmen Sie sie anschließend heraus und drücken Sie sie aus.

2 Schlagen Sie alle Zutaten mit einem Schneebesen schaumig auf. Köcheln Sie sie für 5 Minuten bei geringer Wärmezufuhr.

3 Füllen Sie die Soße durch ein feines Sieb in den Espuma-Zubereiter. Verschließen Sie diesen und drehen Sie ausreichend Gas-Patronen ein.

4 Geben Sie die Flasche für mindestens 2 Stunden in den Kühlschrank, bevor Sie den Espuma servieren.

SCHAUM AUF EIERBASIS

2 Port.

15 Min.

Leicht

Zutaten

1 Ei
1 Eigelb
85 g weiße Kuvertüre
½ Blatt Gelatine
125 ml Sahne
1 Prise Salz

Nährwerte p. P.

125 kcal
37 g Kohlenhydrate
19 g Fett
7 g Eiweiß

1 Schlagen Sie die Eier zusammen schaumig auf. Schmelzen Sie die Kuvertüre. Lassen Sie sie 5 Minuten abkühlen.

2 Weichen Sie in der Zwischenzeit die Gelatine in ausreichend Wasser ein. Drücken Sie sie anschließend aus. Rühren Sie Kuvertüre, Gelatine, Sahne und Salz unter.

3 Geben Sie die Mousse in den Espuma-Zubereiter und verschließen Sie ihn kräftig. Drehen Sie ausreichend Gas-Patronen ein.

4 Geben Sie die Flasche bis zum Servieren in den Kühlschrank.

Tipp: Dieses Schokomousse eignet sich besonders gut als Topping zum Dessert.

LUFTIGES SCHOKOEIS

4 Port.

15 Min.

Leicht

Zutaten

500 ml Sahne
100 g Zucker
3 Eigelbe
15 g Backkakao
150 g Zartbitterschokolade
45 ml Weinbrand

Nährwerte p. P.

160 kcal
38 g Kohlenhydrate
20 g Fett
11 g Eiweiß

1 Kochen Sie die Sahne kurz auf. Nehmen Sie sie anschließend sofort vom Herd. Schmelzen Sie in der Zwischenzeit die Schokolade.

2 Rühren Sie Zucker und Eier ein und schlagen Sie die Mischung auf. Geben Sie Backkakao und die geschmolzene Schokolade und Weinbrand hinzu und vermengen Sie alles gut miteinander.

3 Füllen Sie die Mischung in den Espuma-Zubereiter. Verschließen Sie ihn und drehen Sie die notwendigen Gas-Patronen ein.

4 Stellen Sie die Flasche für 2 Stunden in den Kühlschrank. Spritzen Sie das Eis jetzt in 4 bis 6 Dessertgläser.

5 Frieren Sie es darin für eine weitere Stunde ein.

SCHOKO-ZIMT-ESPUMA

2 Port.

10 Min.

Leicht

Zutaten

60 g Butter
50 ml Milch
15 g Zimt-Sirup
1 Limette
180 g weiße Kuvertüre
2 Eier

Nährwerte p. P.

423 kcal
25 g Kohlenhydrate
30 g Fett
5 g Eiweiß

1 Pressen Sie die Limette aus. Vermengen Sie Limettensaft, Butter, Milch und Zimt-Sirup in einem kleinen Topf.

2 Erhitzen Sie die Mischung langsam unter ständigem Rühren auf ca. 60 Grad. Geben Sie die Kuvertüre hinzu und schmelzen Sie sie darin.

3 Nehmen Sie den Topf vom Herd. Lassen Sie die Creme kurz abkühlen und rühren Sie die Eier unter.

4 Geben Sie die Creme jetzt in den Espuma-Zubereiter. Befüllen Sie diesen mit ausreichend Gas-Patronen.

5 Schütteln Sie die Flasche kräftig und servieren Sie die Creme in kleinen Dessertgläsern.

HOLUNDER-ESPUMA MIT MARONENMOUSSE

   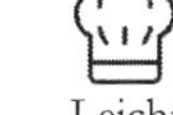

4 Port. 10 Min. Leicht

Zutaten

Für den Espuma:
400 ml Holunderblütensaft
1 TL Agar Agar

Für die Mousse:
100 g Maronen
30 g Zucker
80 g Orangensaft
3 Eigelbe
60 g Zucker
250 g Sahne

Nährwerte p. P.

353 kcal
36 g Kohlenhydrate
22 g Fett
5 g Eiweiß

1 Bringen Sie den Holunderblütensaft mit dem Agar Agar zum Kochen. Köcheln Sie ihn für 1 Minute kräftig auf.

2 Geben Sie den Saft in den Espuma-Zubereiter und befüllen Sie diesen mit Gas. Geben Sie die Flasche für mindestens 4 Stunden in den Kühlschrank.

3 Bereiten Sie in der Zwischenzeit die Maronenmousse vor.

4 Karamellisieren Sie 30 g Zucker in einem Topf. Geben Sie im Anschluss die Maronen hinzu und rösten diese darin kräftig an, bis sie karamellisiert sind. Löschen Sie sie mit dem Orangensaft ab.

5 Verschließen Sie den Topf und garen Sie die Maronen darin etwa 10 Minuten.

6 Füllen Sie die Mischung um und pürieren Sie diese mit einem Stabmixer. Sieben Sie sie gründlich durch ein feines Sieb.

7 Schlagen Sie die Sahne steif. Vermengen Sie Eigelb und Zucker und schlagen Sie es schaumig auf.

8 Heben Sie das geschlagene Eigelb und die Sahne unter die pürierten Maronen.

9 Servieren Sie die Creme zusammen mit dem Holunder-Espuma.

RÜHREI-ESPUMA

300 ml

10 Min.

Leicht

Zutaten

6 Eier
100 ml Sahne
50 g Butter
Je 1 Prise Salz und Muskatnuss

Zum Garnieren:
Schnittlauch

Nährwerte p. P.

180 kcal
9 g Kohlenhydrate
4 g Fett
11 g Eiweiß

1 Schmelzen Sie die Butter. Kochen Sie die Eier 4 Minuten. Schlagen Sie die anschließend auf.

2 Vermengen Sie alle angegebenen Zutaten miteinander. Sieben Sie die Mischung sorgfältig durch ein feines Sieb.

3 Geben Sie sie in den Espuma-Zubereiter. Verschließen Sie diesen und drehen Sie ausreichend Gas-Patronen ein. Stellen Sie die Flasche 30 Minuten kalt.

4 Schütteln Sie die Flasche vor der Nutzung. Spritzen Sie die Rühreimischung durch einen großen Aufsatz heraus.

5 Garnieren Sie das Rührei mit etwas Schnittlauch.

Tipp: Reichen Sie dazu warmes Brot, Baguette oder Gemüse.

SCHAUMIGER VANILLEPUDDING

2 Port.

10 Min.

Leicht

Zutaten

250 ml Sahne
110 ml Milch
40 g Zucker
10 g Vanillepuddingpulver
2 Eigelbe

Nährwerte p. P.

418 kcal
30 g Kohlenhydrate
40 g Fett
8 g Eiweiß

1 Kochen Sie die Sahne, Milch und den Zucker gemeinsam schaumig auf. Rühren Sie die Mischung dabei immer wieder um, damit sie nicht anbrennt.

2 Vermengen Sie Eigelb und Puddingpulver miteinander. Rühren Sie die Eigelbmischung jetzt unter die Milch. Sieben Sie den Pudding durch ein feines Sieb.

3 Geben Sie ihn im Anschluss in den Espuma-Zubereiter. Verschließen Sie ihn und drehen Sie die Gas-Patronen ein.

4 Stellen Sie den Pudding darin für mindestens 4 Stunden in den Kühlschrank.

5 Schütteln Sie die Flasche vor dem Herausspritzen kräftig. Nutzen Sie einen großen Spritzaufsatz.

Suppen mit Espuma

SPARGELSCHAUMSUPPE

 8 Port.  50 Min.  Leicht

Zutaten

40 g Zwiebeln
500 g Spargel
150 g Kartoffeln
60 g Butter
Je 1 Prise Salz und Pfeffer
1 TL Zucker
250 ml Gemüsesuppe
50 ml Sahne

Nährwerte p. P.

236 kcal
26 g Kohlenhydrate
9 g Fett
7 g Eiweiß

1 Schälen Sie die Zwiebel und die Kartoffeln. Würfeln Sie sie fein. Schälen Sie den Spargel, schneiden Sie das holzige Ende ab und schneiden Sie die Stangen in 2 cm lange Stücke.

2 Schmelzen Sie die Butter in einem Topf. Braten Sie Zwiebeln, Kartoffeln und Spargel darin 5 Minuten lang an.

3 Löschen Sie das Gemüse mit Salz, Pfeffer, Zucker und der Gemüsesuppe ab. Köcheln Sie sie für 20 Minuten bei mittlerer Wärmezufuhr.

4 Pürieren Sie die Suppe anschließend sehr fein. Rühren Sie die Sahne unter und füllen Sie die Suppe durch ein feines Sieb in den Espuma-Zubereiter.

5 Drehen Sie die Gas-Patronen in das Gefäß und geben Sie die Flasche für 10 Minuten in ein heißes Wasserbad.

6 Spritzen Sie die Suppe anschließend in kleine Schalen oder Gläser.

Tipp: Durch die schaumige Konsistenz ist die Suppe besonders leicht und eignet sich deshalb hervorragend als Vorspeise.

KÜRBIS-SUPPE

4 Port.

30 Min.

Leicht

Zutaten

1 kleiner Hokkaidokürbis
1 Zwiebel
2 EL Butter
1 Orange
½ Zitrone
500 ml Kokosmilch

Nach Belieben:
Salz und Pfeffer

Nährwerte p. P.

264 kcal
28 g Kohlenhydrate
6 g Fett
4 g Eiweiß

1 Waschen Sie den Kürbis und schneiden Sie das Fruchtfleisch in kleine Stücke. Der Hokkaidokürbis kann mit Schale zubereitet werden. Schälen Sie die Zwiebel und würfeln Sie sie klein.

2 Erhitzen Sie die Butter in einem Topf. Geben Sie den Kürbis und die Zwiebel hinein und rösten Sie alles ca. 5 Minuten lang kräftig an.

3 Pressen Sie in der Zwischenzeit die Orange und die Zitrone aus. Löschen Sie den Kürbis mit Orangensaft, Zitronensaft und der Kokosmilch ab.

4 Köcheln Sie die Suppe 10 Minuten bei mittlerer Wärmezufuhr.

5 Pürieren Sie sie, sobald der Kürbis gar ist. Schmecken Sie sie nach Belieben mit Salz und Pfeffer ab. Sieben Sie die Suppe durch ein feines Sieb in den Espuma-Zubereiter. Drehen Sie ausreichend Gas-Kapseln ein.

6 Schütteln Sie die Suppe in der Flasche kräftig. Spritzen Sie sie in einen tiefen Teller oder eine Schüssel.

7 Lagern Sie die übrige Suppe in der Flasche im Kühlschrank.

Tipp: Dazu schmeckt ein Baguette oder Salat.

KALTE GURKENSUPPE

2 Port.

20 Min.

Leicht

Zutaten

200 g Gurke
1 Zehe Knoblauch
Je 1 Prise Salz und Pfeffer
1 EL Olivenöl
200 ml Sahne

Nährwerte p. P.

100 kcal
22 g Kohlenhydrate
2 g Fett
1 g Eiweiß

1 Waschen Sie die Gurke und zerkleinern Sie diese grob. Schälen Sie den Knoblauch.

2 Geben Sie alle angegebenen Zutaten, bis auf die Sahne, in einen Standmixer und pürieren Sie das Ganze sorgfältig. Rühren Sie zum Abschluss die Sahne unter.

3 Passieren Sie die Suppe jetzt durch ein feines Sieb direkt in den Espuma-Zubereiter. Verschließen Sie diesen und drehen Sie ausreichend Gas-Patronen ein.

4 Stellen Sie die Flasche ohne die leeren Patronen für mindestens 2 Stunden in den Kühlschrank. Schütteln Sie die Flasche vor dem Servieren kräftig.

5 Geben Sie die Suppe durch einen großen Aufsatz in gekühlte Schüsseln.

TOMATENSUPPE IM GLAS

2 Port.

25 Min.

Leicht

Zutaten

250 ml Milch
1 Zehe Knoblauch
1 Prise Salz
1 Bund Basilikum
2 Schalotten
1 kleine Chilischote
250 g reife Cherrytomaten
2 EL Olivenöl
1 EL Zucker
1 EL Tomatenmark
2 EL Rotwein
150 ml Tomatensaft
250 ml Gemüsebrühe

Nach Belieben:
Salz und Pfeffer

Nährwerte p. P.

140 kcal
38 g Kohlenhydrate
13 g Fett
7 g Eiweiß

1 Geben Sie die Milch in einen Topf. Pressen Sie den Knoblauch dazu. Rühren Sie das Salz und das Basilikum unter. Garen Sie das Ganze für 15 Minuten bei geringer Wärmezufuhr.

2 Pürieren Sie die Milchsoße und füllen Sie sie durch ein Sieb in den Espuma-Zubereiter. Halten Sie diesen in einem Wasserbad warm.

3 Schälen Sie in der Zwischenzeit die Schalotten. Würfeln Sie Schalotten, Chilischote und Cherrytomaten.

4 Erhitzen Sie das Öl in einem separaten Topf. Rösten Sie die gerade zerkleinerten Zutaten darin für 3 Minuten an. Geben Sie den Zucker darüber, damit das Gemüse karamellisiert.

5 Rühren Sie Tomatenmark, Rotwein, Tomatensaft und Gemüsebrühe unter. Kochen Sie die Suppe 10 Minuten bei geringer Wärmezufuhr.

6 Nehmen Sie den Topf vom Herd. Würzen Sie die Suppe nach Belieben und pürieren Sie sie mit einem Stabmixer.

7 Füllen Sie die Suppe in 4 Glastassen. Verteilen Sie den Espuma darauf.

Salate mit Espuma

FELDSALAT AUF FRISCHKÄSE-ESPUMA

2 Port.

10 Min.

Leicht

Zutaten

250 g Feldsalat
50 ml Sahne
200 g Frischkäse
2 Blätter Gelatine
1 EL Zitronensaft
Je 1 Prise Salz und Pfeffer

Nährwerte p. P.

89 kcal
16 g Kohlenhydrate
3 g Fett
2 g Eiweiß

1 Waschen Sie den Salat gründlich ab und lassen Sie ihn abtropfen. Weichen Sie die Gelatine in ausreichend Wasser ein und drücken Sie sie aus.

2 Pürieren Sie die Hälfte des Salats mit den übrigen Zutaten. Passieren Sie die Mischung durch ein Sieb. Falls sie zu fest geworden ist, geben Sie etwas mehr Sahne hinzu.

3 Geben Sie sie jetzt in den Espuma-Zubereiter. Verschließen Sie ihn und drehen Sie die Gas-Kapseln ein.

4 Schütteln Sie die Flasche kräftig. Spritzen Sie den Espuma auf kleine Teller.

5 Verteilen Sie den übrigen Feldsalat gleichmäßig darauf.

Tipp: Der Salat kann nach Belieben mit Nüssen oder Kernen getoppt werden.

WINTERSALAT MIT PISTAZIEN-MOUSSE

2 Port.

20 Min.

Leicht

Zutaten

Für den Salat:
100 g gemischter Salat
80 g Weintrauben
2 EL Olivenöl
40 g Pistazien

Für den Espuma:
1 Blatt Gelatine
80 ml Sahne
100 g Ziegenfrischkäse
2 EL Schmand
½ Limette
1 Prise Salz
1 kleine Prise Zimt

Nährwerte p. P.

385 kcal
38 g Kohlenhydrate
9 g Fett
6 g Eiweiß

1 Waschen Sie den Salat und die Weintrauben. Lassen Sie alles gut abtropfen und richten Sie die Mischung auf 2 Tellern an.

2 Beträufeln Sie den Salat mit dem Olivenöl. Zerkleinern Sie die Pistazien grob und garnieren Sie damit den Salat.

3 Weichen Sie die Gelatine in ausreichend Wasser ein und drücken Sie sie aus.

4 Vermengen Sie alle angegebenen Zutaten für den Espuma miteinander. Pürieren Sie sie in einem Standmixer.

5 Passieren Sie die Mischung durch ein feines Sieb und füllen Sie sie im Anschluss in den Espuma-Zubereiter.

6 Verschließen Sie diesen und drehen Sie ausreichend Gas-Patronen ein.

7 Schütteln Sie die Flasche kräftig und spritzen Sie den Espuma nach Belieben auf oder neben den Salat.

SPARGELSALAT MIT FRISCHEM ESPUMA

1 Port.

25 Min.

Leicht

Zutaten

Für den Espuma:
250 g weißer Spargel
100 g Frischkäse
100 ml Sahne
1 Prise Salz
½ TL Rosmarinöl und Lavendelöl
1 Blatt Gelatine

Für den Salat:
9 grüne Spargelstangen
3 junge Grünkohlblätter
Etwas Limonenöl
30 g Hüttenkäse

Nährwerte p. P.

340 kcal
9 g Kohlenhydrate
23 g Fett
15 g Eiweiß

1 Schälen Sie den Spargel. Garen Sie den weißen Spargel in ausreichend Wasser bissfest.

2 Pürieren Sie ihn anschließend mit Frischkäse und Sahne. Geben Sie das Salz, Rosmarin- und Lavendelöl hinzu.

3 Weichen Sie die Gelatine in ausreichend warmem Wasser ein. Drücken Sie sie aus und geben Sie sie in die Spargelmischung.

4 Pürieren Sie sie noch einmal gründlich, bis sich die Gelatine vollständig verteilt hat.

5 Passieren Sie die Mischung durch ein feines Sieb in den Espuma-Zubereiter. Verschließen Sie ihn und drehen Sie die Gas-Patronen ein.

6 Beträufeln Sie den grünen Spargel und die Grünkohlblätter mit dem Limonenöl.

7 Braten Sie sie gemeinsam für 5 Minuten in der Pfanne an, bis sie etwas Farbe bekommen haben.

8 Schneiden Sie die Spargelstangen und die Blätter jetzt nach Belieben klein. Vermengen Sie diese miteinander in einem tiefen Teller. Zerbröseln Sie darauf den Hüttenkäse.

9 Spritzen Sie jetzt den weißen Spargel-Espuma darauf.

THUNFISCHSALAT MIT WASABI-ESPUMA

6 Port.

25 Min.

Leicht

Zutaten

500 g Thunfisch
2 Avocados
1 Limette
1 EL Kapern
3 Sardellen
2 EL Kresse

Nach Belieben:
Salz und Pfeffer

Für den Espuma:
15 ml Sojasoße
30 ml Zitronensaft
150 g Frischkäse
30 ml Sesamöl
100 ml Sahne
100 ml Milch
20 g Wasabi

Nährwerte p. P.

291 kcal
12 g Kohlenhydrate
25 g Fett
13 g Eiweiß

1 Bereiten Sie zunächst den Espuma zu. Vermengen Sie dafür alle angegebenen Zutaten in einem Standmixer.

2 Pürieren Sie sie zu einer homogenen Masse. Passieren Sie sie durch ein feines Sieb in den Espuma-Zubereiter.

3 Verschließen Sie diesen und drehen Sie die Gas-Kapseln ein. Schütteln Sie die Flasche gut und stellen Sie sie 2 Stunden kalt.

4 Waschen Sie den Thunfisch und schneiden Sie ihn in kleine Würfel. Entkernen Sie die Avocados und würfeln Sie sie ebenfalls klein.

5 Halbieren Sie die Limette und pressen Sie sie aus. Schneiden Sie die Sardellen in dünne Streifen.

6 Vermengen Sie alle festen Zutaten miteinander. Beträufeln Sie sie mit dem Limettensaft.

7 Richten Sie den Salat an und garnieren Sie ihn mit dem Espuma.

Hauptgerichte mit Fleisch & Geflügel

HIRSCHMEDAILLONS AUF ZAZIKI-ESPUMA

4 Port.

45 Min.

Mittel

Zutaten

Für den Espuma:
250 g griechischer Joghurt
¼ Gurke
2 Zehen Knoblauch
2 EL Essig
2 Blätter Gelatine
Je 1 Prise Salz und Pfeffer
Etwas Dill

Außerdem:
2 EL Olivenöl
4 Portionen Hirschmedaillons (je 200 g)
400 g Kartoffeln
1 Prise Petersilie

Nährwerte p. P.

340 kcal
9 g Kohlenhydrate
23 g Fett
15 g Eiweiß

1 Weichen Sie die Gelatine in etwas kaltem Wasser auf. Sie sollte dabei vollständig mit Wasser bedeckt sein.

2 Schälen Sie die Gurke und zerkleinern Sie sie grob. Pürieren Sie alle Zutaten für den Espuma in einem Standmixer.

3 Erhitzen Sie die Mischung im Anschluss langsam auf 60 Grad. Lösen Sie die eingeweichte Gelatine darin auf.

4 Passieren Sie jetzt alles durch ein feines Sieb und geben Sie die Mischung in den Espuma-Zubereiter.

5 Schrauben Sie die Gas-Patronen ein und geben Sie die Flasche für 3 Stunden in den Kühlschrank.

6 Erhitzen Sie in der Zwischenzeit das Olivenöl in einer großen Pfanne. Braten Sie die Hirschmedaillons darin kurz von jeder Seite an.

7 Geben Sie sie in eine Auflaufform und garen Sie sie 30 Minuten lang für 120 Grad Umluft im Backofen. Schälen und kochen Sie in dieser Zeit die Kartoffeln gar.

8 Geben Sie den Espuma nach der Ruhezeit auf 4 Teller.

9 Servieren Sie die Kartoffeln mit dem Fleisch darauf und garnieren Sie das Gericht mit Petersilie.

PFEFFER-STEAK VOM RIND MIT BALSAMICO-ESPUMA

4 Port.

30 Min.

Mittel

Zutaten

Für das Steak:
4 Rinderfiletsteaks
Je 1 Prise Salz und Pfeffer
1 Prise grob gemahlener Pfeffer
3 EL Öl
3 - 4 EL Balsamico-Essig
200 ml Rinderfond
150 ml Sahne
100 g schwarzes Johannisbeergelee

Nährwerte p. P.

410 kcal
22 g Kohlenhydrate
20 g Fett
35 g Eiweiß

1 Würzen Sie die Steaks nach Belieben mit Salz und Pfeffer. Reiben Sie die Gewürze etwas in das Fleisch ein.

2 Erhitzen Sie das Öl in einer Pfanne. Braten Sie die Steaks darin von beiden Seiten an. Die Garzeit variiert je nach Geschmack. Löschen Sie den Bratensatz mit Balsamico-Essig ab.

3 Gießen Sie ihn anschließend mit dem Rinderfond an. Garen Sie die Steaks darin 5 bis 8 Minuten bei mittlerer Wärmezufuhr. Nehmen Sie die Steaks aus der Soße. Geben Sie die Sahne und den Pfeffer hinzu und garen Sie die Soße weitere 8 Minuten fertig.

4 Füllen Sie sie durch ein feines Sieb in den Espuma-Zubereiter. Drehen Sie ausreichend Gas-Patronen hinein. Schütteln Sie die Soße darin kräftig.

5 Verteilen Sie das Fleisch auf 4 Teller. Geben Sie den Espuma darüber.

6 Richten Sie das Johannisbeergelee dazu an.

HÄHNCHEN-SPIEß MIT ERDNUSSCREME UND GURKENSALAT

4 Port. 35 Min. Leicht

Zutaten

500 g Hähnchenbrustfilet
4 EL Öl
½ kleine rote oder grüne Chilischote
1 kleine Zwiebel
250 ml Gemüsebrühe
100 g Erdnusscreme
Saft von 1 Limette
100 ml Sahne
½ Salatgurke
4 TL gehackter, frischer Koriander

Außerdem:
Salz und Pfeffer

Nährwerte p. P.

513 kcal
11 g Kohlenhydrate
35 g Fett
37 g Eiweiß

1 Schneiden Sie das Hähnchenfleisch in dünne Scheiben. Stecken Sie es ziehharmonikaartig auf lange Holzspieße.

2 Erhitzen Sie 2 EL Öl in einer großen Pfanne. Braten Sie die Spieße darin 2 bis 3 Minuten von jeder Seite an. Würzen Sie sie anschließend mit etwas Salz. Stellen Sie die Spieße warm.

3 Waschen Sie die Chili und würfeln Sie sie fein. Schälen Sie die Zwiebel und schneiden Sie sie ebenfalls in kleine Würfel. Erhitzen Sie 1 EL Öl in der bereits verwendeten Pfanne. Braten Sie Zwiebel- und Chiliwürfel darin 3 Minuten an.

4 Löschen Sie das Ganze mit der Gemüsebrühe, Erdnusscreme und dem Limettensaft ab. Kochen Sie die Soße 3 Minuten lang kräftig auf. Würzen Sie sie mit Salz und Pfeffer und rühren Sie die Sahne unter.

5 Geben Sie die Soße durch ein feines Sieb in den Espuma-Zubereiter. Drehen Sie die Gas-Kapseln ein und schütteln Sie die Flasche kräftig.

6 Schneiden Sie die Gurke der Länge nach auf, entkernen Sie sie und schneiden Sie das Fruchtfleisch in kleine Würfel. Vermengen Sie diese mit dem Koriander.

7 Richten Sie den Gurkensalat mit den Spießen an. Reichen Sie dazu den Espuma.

CHATEAUBRIAND MIT CREMIGEM ESTRAGON-ESPUMA

4 Port.

40 Min.

Leicht

Zutaten

½ Bund Estragon
300 ml Sahne
1 EL Worcestersoße
Je 2 Prisen Salz und Pfeffer
800 g Rindfleisch (Filet oder Mittelstück)
3 EL Öl

Nährwerte p. P.

407 kcal
2 g Kohlenhydrate
25 g Fett
45 g Eiweiß

1 Schneiden Sie den Estragon grob klein. Vermengen Sie Estragon, Sahne, Worcestersoße, Salz und Pfeffer miteinander.

2 Köcheln Sie die Soße 10 Minuten bei mittlerer Wärmezufuhr im geschlossenen Topf.

3 Pürieren Sie die Soße und geben Sie sie im Anschluss durch ein feines Sieb in den Espuma-Zubereiter.

4 Drehen Sie das Gas hinein und stellen Sie die Flasche mindestens 2 Stunden kalt.

5 Heizen Sie in der Zwischenzeit den Backofen auf 80 Grad Umluft vor.

6 Würzen Sie das Fleisch mit Salz und Pfeffer. Reiben Sie die Gewürze dabei etwas in das Fleisch ein.

7 Erhitzen Sie das Öl in einer Pfanne. Braten Sie das Fleisch darin, je nach Größe, ca. 5 Minuten von jeder Seite an.

8 Geben Sie es jetzt in eine geeignete Auflaufform und garen Sie es ca. 1 ½ Stunden im vorgeheizten Backofen. Lassen Sie es nach dem Garen kurz ruhen.

9 Schneiden Sie es im Anschluss in dünne Streifen und richten Sie den Espuma dazu an.

Hauptspeisen mit Fisch & Meeresfrüchten

LACHS-SALAT MIT ROTE-BETE-ESPUMA

 2 Port.  20 Min.  Leicht

Zutaten

150 ml Rote-Bete-Saft
50 ml Sahne
50 g Naturjoghurt
1 Spritzer Zitronensaft
6 EL Meerrettich
½ Gurke
200 g Räucherlachs

Nährwerte p. P.

280 kcal
9 g Kohlenhydrate
16 g Fett
23 g Eiweiß

1 Vermengen Sie Rote-Bete-Saft, Sahne, Naturjoghurt und Zitronensaft in einem kleinen Topf. Erwärmen Sie die Mischung unter ständigem Rühren – nicht aufkochen.

2 Geben Sie sie durch ein feines Sieb in den Espuma-Zubereiter. Drehen Sie die Gas-Patronen ein und stellen Sie die Flasche im Anschluss für 30 Minuten in den Kühlschrank.

3 Verteilen Sie in der Zwischenzeit den Meerrettich gleichmäßig auf 2 Teller.

4 Waschen Sie die Gurke und schneiden Sie sie in kleine Würfel. Verteilen Sie diese auf dem Meerrettich.

5 Schneiden Sie den Lachs in Streifen. Geben Sie diesen über die Gurken.

6 Schütteln Sie die Espuma-Flasche kräftig und garnieren Sie die vorbereiteten Teller nach Belieben mit dem Espuma.

LACHS MIT MISO-ESPUMA

2 Port. 25 Min. Leicht

Zutaten

400 g Lachs
3 EL Öl
40 g Butter
2 Eigelbe
200 ml Sahne

Zum Garnieren:
etwas Dill

Nährwerte p. P.

140 kcal
13 g Kohlenhydrate
7 g Fett
8 g Eiweiß

1 Schneiden Sie den Lachs in 2 gleich große Stücke.

2 Erhitzen Sie das Öl in einer Pfanne. Braten Sie den Lachs darin kurz von jeder Seite für etwa 1 Minute kräftig an. Beachten Sie dabei, dass der obere Bereich mit der Haut immer etwas schneller durchgart als der untere.

3 Servieren Sie die Stücke auf 2 vorgewärmten Tellern.

4 Schmelzen Sie jetzt die Butter langsam in einem kleinen Topf. Rühren Sie Eigelb und Sahne hinzu.

5 Geben Sie die Mischung in den Espuma-Zubereiter. Verschließen Sie ihn und geben Sie ausreichend Gas-Patronen hinein.

6 Schütteln Sie die Flasche kräftig und spritzen Sie den Espuma gleichmäßig über den Lachs.

7 Garnieren Sie ihn mit etwas Dill.

Tipp: Verlängern Sie die Garzeit vom Lachs nach Belieben. Wer ihn durchgebraten mag, kann ihn ca. 4 Minuten bei mittlerer Wärmezufuhr garen.

GURKEN-ESPUMA MIT GARNELEN-SPIESSEN

 4 Port.  25 Min.  Leicht

Zutaten

1 Gurke
1 Stiel Zitronengras
1 kleines Bund Koriander
2 Zwiebeln
1 EL Öl
400 ml Gemüsebrühe
100 ml Sahne
125 g gegarte Krebsschwänze

Nährwerte p. P.

191 kcal
7 g Kohlenhydrate
14 g Fett
8 g Eiweiß

1 Schälen Sie die Gurke und würfeln Sie sie klein. Schneiden Sie das Zitronengras und den Koriander ebenfalls klein. Schälen Sie die Zwiebeln und schneiden Sie sie in kleine Würfel.

2 Erhitzen Sie das Öl in einer Pfanne. Braten Sie Zwiebeln und Gurke darin 3 Minuten lang an.

3 Gießen Sie das Ganze mit Gemüsebrühe auf. Köcheln Sie die Soße 2 Minuten lang bei mittlerer Wärmezufuhr. Rühren Sie Sahne, Zitronengras und Koriander unter.

4 Pürieren Sie die Soße mit einem Stabmixer. Geben Sie sie durch ein feines Sieb.

5 Füllen Sie sie jetzt in den Espuma-Zubereiter. Drehen Sie die Gas-Patronen ein und schütteln Sie die Flasche.

6 Spritzen Sie den Espuma in kleine Gläser oder Dessertschalen. Spießen Sie die Garnelen auf lange Holzspieße auf.

7 Servieren Sie diese zu dem Espuma-Glas.

FORELLE AUF KÜRBIS-ESPUMA

4 Port.

40 Min.

Leicht

Zutaten

Für die Forelle:
4 Stücke Forellenfilet
80 g Polenta
1 EL Öl
1 Prise Salz

Für den Espuma:
200 g Kartoffeln
300 ml Wasser
1 TL Kürbiskernöl
Je 1 Prise Salz, Pfeffer und Muskatnuss

Nährwerte p. P.

580 kcal
16 g Kohlenhydrate
30 g Fett
46 g Eiweiß

1 Schälen Sie die Kartoffeln, würfeln Sie sie klein und garen Sie sie in ausreichend gesalzenem Wasser.

2 Gießen Sie sie im Anschluss ab und vermengen Sie sie mit den übrigen Zutaten für den Espuma.

3 Pürieren Sie daraus eine homogene Masse. Sieben Sie diese durch ein feines Sieb in den Espuma-Zubereiter.

4 Verschließen Sie diesen und drehen Sie die Gas-Patronen ein. Schütteln Sie die Flasche kräftig und halten Sie sie in einem Wasserbad mit ca. 60 Grad warm.

5 Würzen Sie in der Zwischenzeit den Fisch mit Salz und Öl. Wälzen Sie ihn anschließend in der Polenta.

6 Erhitzen Sie eine Pfanne und braten Sie den Fisch darin knusprig von beiden Seiten an.

7 Geben Sie den Espuma über den Lachs.

Vegetarische Hauptgerichte

PANIERTE SCHWARZWURZELN MIT ESPUMA-HOLLANDAISE

2 Port.

40 Min.

Leicht

Zutaten

4 Stangen Schwarzwurzeln
2 Eier
50 g Paniermehl
200 ml Pflanzenöl

Nach Belieben:
Salz und Pfeffer

Für den Espuma:
2 Eigelbe
200 g Butter
50 ml Weißwein
1 Prise Pfeffer
1 Spritzer Zitronensaft

Nährwerte p. P.

312 kcal
12 g Kohlenhydrate
26 g Fett
5 g Eiweiß

1 Schälen Sie die Schwarzwurzeln und waschen Sie sie anschließend ab. Bringen Sie ausreichend gesalzenes Wasser zum Kochen. Köcheln Sie die Schwarzwurzeln darin für 25 Minuten bei geringer Wärmezufuhr. Schneiden Sie sie im Anschluss in ca. 4 bis 5 cm große Stangen.

2 Schlagen Sie die Eier in einem tiefen Teller auf. Geben Sie das Paniermehl in einen weiteren Teller. Erhitzen Sie das Öl in einem hohen Topf. Wenden Sie die Schwarzwurzeln zunächst in den Eiern, würzen Sie sie nach Belieben mit Salz und Pfeffer und wenden Sie sie zum Abschluss in dem Paniermehl. Frittieren Sie die Schwarzwurzeln nach und nach für etwa 2 Minuten in dem Öl. Lassen Sie sie auf einem Küchentuch abtropfen.

3 Stellen Sie jetzt den Espuma her. Schmelzen Sie dafür die Butter. Rühren Sie die Eigelbe ein und schlagen Sie sie mit der Butter schaumig auf. Nutzen Sie dafür einen Schneebesen. Geben Sie jetzt Weißwein, Pfeffer und den Zitronensaft hinzu. Vermengen Sie alles gut miteinander und füllen Sie die Soße in den Espuma-Zubereiter. Verschließen Sie diesen kräftig und füllen Sie die Gas-Patronen ein.

4 Geben Sie den Zubereiter in ein Wasserbad mit einer Temperatur von 65 Grad. Halten Sie die Soße darin bis zum Servieren warm. Richten Sie den Hollandaise-Schaum mit den frittierten Schwarzwurzeln an.

Tipp: Dazu passen ein frischer Salat und Baguette.

ZIEGENKÄSE AUF FELDSALAT MIT MANGO-ESPUMA

4 Port.

20 Min.

Leicht

Zutaten

Für den Espuma:
1 Zwiebel
1 Mango
1 TL Öl
300 ml Gemüsefond
2 EL Weißweinessig
1 EL Zucker
1 EL Soßenbinder

Außerdem:
200 g Feldsalat
200 g Ziegenkäse
Pfeffer

Nährwerte p. P.

602 kcal
23 g Kohlenhydrate
47 g Fett
18 g Eiweiß

1 Schälen Sie die Zwiebel und würfeln Sie sie fein. Schälen Sie die Mango und schneiden Sie das Fruchtfleisch in kleine Stücke.

2 Erhitzen Sie das Öl in einem Topf. Braten Sie die Zwiebelwürfel darin glasig an. Geben Sie das Mangofruchtfleisch hinzu und rösten Sie es kurz mit an.

3 Löschen Sie es mit den übrigen Zutaten für den Espuma ab und köcheln Sie die Mischung 1 Minute lang auf.

4 Pürieren Sie die entstandene Soße gründlich mit einem Stabmixer.

5 Füllen Sie sie in den Espuma-Zubereiter. Drehen Sie die Gas-Patronen ein. Schütteln Sie die Flasche gut und spritzen Sie den Espuma auf 4 Teller.

6 Waschen Sie den Feldsalat und tupfen Sie ihn trocken. Schneiden Sie den Ziegenkäse nach Belieben in Würfel oder Streifen.

7 Garnieren Sie den Salat auf dem Espuma und darauf den Ziegenkäse. Zum Abschluss würzen Sie das Ganze mit dem Pfeffer.

PASTA MIT BASILIKUM-PESTO UND ESPUMA

2 Port.

35 Min.

Leicht

Zutaten

Für das Pesto:
80 g Basilikum
100 g Rucola
2 Prisen Salz
2 Zehen Knoblauch
50 ml Olivenöl

Für den Espuma:
200 ml Hafermilch
50 ml Gemüsefond
50 g Grana Padano
2 Prisen Salz
20 g Pro Espuma, für heißes Espuma

Außerdem:
300 g Nudeln nach Wahl

Nährwerte p. P.

370 kcal
42 g Kohlenhydrate
21 g Fett
11 g Eiweiß

1 Kochen Sie die Nudeln nach Packungsanweisung al dente.

2 Bereiten Sie währenddessen das Pesto zu. Pürieren Sie dafür alle angegebenen Zutaten in einem Standmixer.

3 Fahren Sie jetzt mit dem Espuma fort.

4 Kochen Sie die Hafermilch und Gemüsefond zusammen auf. Reiben Sie den Grana Padano und Salz hinzu. Rühren Sie zum Abschluss das Pro Espuma unter.

5 Geben Sie die Mischung durch ein feines Sieb in den Espuma-Zubereiter. Drehen Sie die Gas-Patronen ein. Halten Sie die Espuma-Flasche warm.

6 Gießen Sie die Nudeln ab und vermengen Sie diese mit dem Pesto.

7 Richten Sie die Nudeln auf flache Teller an und garnieren Sie sie mit einer kleinen Portion Espuma.

KARTOFFELSALAT MIT TRÜFFEL-ESPUMA

2 Port.

40 Min.

Leicht

Zutaten

Für den Kartoffelsalat:
600 g festkochende Kartoffeln
600 ml Gemüsebrühe
2 Schalotten
1 Bund Frühlingszwiebeln

Für den Espuma:
125 g Butter
300 ml Sahne
1 TL Rosmarin, getrocknet

Zum Garnieren:
20 g Trüffel

Nach Belieben:
Salz, Pfeffer, Muskat, Trüffelöl

Nährwerte p. P.

358 kcal
48 g Kohlenhydrate
20 g Fett
9 g Eiweiß

1 Bringen Sie die Gemüsebrühe zum Kochen. Schälen Sie die Kartoffeln und schneiden Sie sie in kleine, mundgerechte Stücke. Geben Sie diese in die kochende Gemüsebrühe und garen Sie die Kartoffeln darin bissfest. Je nach Größe der Kartoffeln dauert das etwa 20 Minuten.

2 Schälen und würfeln Sie in der Zwischenzeit die Schalotten. Waschen Sie die Frühlingszwiebeln und schneiden Sie diese in dünne Scheiben. Gießen Sie die Kartoffeln ab. Fangen Sie dabei die Brühe auf. Vermengen Sie Kartoffeln, Schalotten und Frühlingszwiebeln miteinander.

3 Heben Sie nach Belieben 50 bis 100 ml Brühe unter. Schmecken Sie den Salat nach Belieben mit Salz, Pfeffer, Muskat und Trüffelöl ab. Bereiten Sie jetzt den Espuma zu. Vermengen Sie Butter und Sahne in einem kleinen Topf und erwärmen Sie diese langsam. Nehmen Sie den Topf sofort vom Herd, sobald die Butter geschmolzen ist.

4 Rühren Sie jetzt Rosmarin, Salz, Pfeffer und einen Spritzer Trüffelöl unter. Geben Sie die Mischung durch ein feines Sieb in den Espuma-Zubereiter. Drehen Sie die Gas-Patronen ein. Spritzen Sie den Espuma durch einen mittleren Aufsatz auf den Kartoffelsalat.

5 Waschen Sie die Trüffel und schneiden Sie sie in dünne Scheiben. Garnieren Sie das Gericht anschließend mit den Trüffelscheiben.

MOZZARELLA MIT BASILIKUM-ESPUMA

6 Port.

35 Min.

Leicht

Zutaten

1 Vanilleschote
150 ml Weißwein
50 ml Apfelsaft
1 EL Puderzucker
1 Handvoll Basilikumblätter
150 ml Sahne
400 g Mozzarella
250 g Brombeeren (frisch oder tiefgefroren)

Zum Garnieren:
Einige Basilikumblätter
Je 1 Prise Salz und Pfeffer

Nährwerte p. P.

313 kcal
11 g Kohlenhydrate
22 g Fett
13 g Eiweiß

1 Schneiden Sie die Vanilleschote der Länge nach auf. Kratzen Sie das Mark heraus. Geben Sie Weißwein, Apfelsaft, Puderzucker, Vanilleschotenmark und die Schote in einen Topf.

2 Kochen Sie das Ganze für 3 Minuten mit geschlossenem Deckel.

3 Nehmen Sie die Schote heraus. Geben Sie die Sahne und die gewaschenen Basilikumblätter hinzu. Pürieren Sie die Mischung in einem Standmixer.

4 Füllen Sie die Soße jetzt durch ein feines Sieb in den Espuma-Zubereiter. Verschließen Sie ihn kräftig und befüllen Sie ihn mit ausreichend Gas.

5 Spritzen Sie ihn durch eine große Öffnung auf einen großen Teller. Schneiden Sie den Mozzarella in Scheiben. Verlesen Sie die Brombeeren.

6 Richten Sie die Brombeeren, Mozzarellascheiben und die Basilikumblätter auf dem Schaum an.

7 Garnieren Sie das Gericht zum Abschluss mit Salz und Pfeffer.

Chantilly: Schaum auf Sahnebasis

VANILLE-CHANTILLY

500 ml 5 Min. Leicht

Zutaten

500 g Sahne
1 Vanilleschote
100 g Zucker

Nährwerte p. P.

210 kcal
12 g Kohlenhydrate
17 g Fett
2 g Eiweiß

1 Verrühren Sie die Zutaten miteinander. Dabei sollte sich der Zucker vollständig auflösen.

2 Füllen Sie die Mischung jetzt in den Espuma-Zubereiter und verschließen Sie ihn. Drehen Sie die Gas-Patronen ein. Schütteln Sie ihn 30 Sekunden lang kräftig.

3 Stellen Sie ihn bis zum Gebrauch kalt oder sprühen Sie die Sahne sofort auf.

Tipp: Dieser Vanille-Schaum kann wie Sahne verwendet werden. Beispielsweise als Topping für Kuchen oder in Torten.

PISTAZIEN-CHANTILLY

 500 ml

 5 Min.

 Leicht

Zutaten

500 g Sahne
100 g Zucker
2 EL Pistazienpaste
Einige Tropfen Bittermandelöl

Nährwerte p. P.

212 kcal
12 g Kohlenhydrate
17 g Fett
2 g Eiweiß

1 Erhitzen Sie die Sahne mit dem Zucker unter ständigem Rühren. Der Zucker sollte sich dabei vollständig aufgelöst haben. Rühren Sie jetzt die Pistazienpaste und das Bittermandelöl ein.

2 Geben Sie die Mischung in den Espuma-Zubereiter, verschließen Sie diesen und drehen Sie die Gas-Patronen ein.

3 Stellen Sie die Flasche für mindestens 5 Stunden kalt.

NUTELLA-CHANTILLY

500 ml

5 Min.

Leicht

Zutaten

500 g Sahne
2 EL Nutella
50 g Zucker

Nährwerte p. P.

206 kcal
8 g Kohlenhydrate
18 g Fett
2 g Eiweiß

1 Erhitzen Sie die Sahne mit dem Zucker vorsichtig, bis er sich vollständig aufgelöst hat.

2 Rühren Sie anschließend das Nutella unter und lassen Sie es schmelzen.

3 Geben Sie die Mischung in den Espuma-Zubereiter, befüllen Sie ihn mit den Gas-Patronen und stellen Sie ihn anschließend für mindestens 5 Stunden kalt.

CHANTILLY MIT GRENADINE

500 ml | 5 Min. | Leicht

Zutaten

500 g Sahne
100 ml Grenadinesirup

Nährwerte p. P.

201 kcal
11 g Kohlenhydrate
17 g Fett
2 g Eiweiß

1 Vermengen Sie Sirup und Sahne miteinander.

2 Füllen Sie die Mischung in den Espuma-Zubereiter. Verschließen Sie diesen und drehen Sie die Gas-Patronen ein.

3 Stellen Sie die Flasche bis zum Gebrauch in den Kühlschrank.

Tipp: Durch die besondere Farbe und den süßen Geschmack eignet sich dieser Espuma hervorragend für die Zubereitung von Desserts.

KNOBLAUCH-CHANTILLY

500 ml | 10 Min. | Leicht

Zutaten

500 g Sahne
4 Zehen Knoblauch

Nach Belieben:
Salz und Pfeffer

Nährwerte p. P.

218 kcal
4 g Kohlenhydrate
21 g Fett
2 g Eiweiß

1 Erwärmen Sie die Sahne langsam in einem kleinen Topf. Schälen Sie in der Zwischenzeit die Knoblauchzehen.

2 Geben Sie diese in die Sahne und köcheln Sie sie darin bei geringer Wärmezufuhr für 5 Minuten. Rühren Sie nach Belieben Salz und Pfeffer unter.

3 Pürieren Sie die Mischung in einem Mixer. Passieren Sie sie anschließend durch ein feines Sieb.

4 Geben Sie sie in den Espuma-Zubereiter und verschließen Sie ihn. Drehen Sie die Gas-Patronen hinein.

5 Stellen Sie die Flasche für mindestens 5 Stunden in den Kühlschrank.

CHANTILLY MIT CURRY

500 ml

5 Min.

Leicht

Zutaten

500 g Sahne
1 EL Currypulver
1 Prise Safran

Nach Belieben:
Salz und Pfeffer

Nährwerte p. P.

340 kcal
9 g Kohlenhydrate
23 g Fett
15 g Eiweiß

1 Erhitzen Sie Sahne mit dem Currypulver und Safran langsam in einem kleinen Topf. Rühren Sie Salz und Pfeffer unter.

2 Geben Sie die Mischung in den Espuma-Zubereiter und drehen Sie die Gas-Patronen hinein.

3 Verschließen Sie ihn und stellen Sie ihn für mindestens 3 Stunden in den Kühlschrank.

Süßer Schaum

BEEREN-CREME

250 ml 10 Min. Leicht

Zutaten

90 g Himbeeren
20 g Honig
90 ml Himbeer-Preiselbeer-Buttermilch
90 ml Sahne

Nährwerte p. P.

160 kcal
5 g Kohlenhydrate
12 g Fett
9 g Eiweiß

4 Waschen Sie die Himbeeren und lassen Sie sie trocknen. Pürieren Sie Himbeeren, Honig und Buttermilch miteinander.

5 Rühren Sie jetzt die Sahne unter.

6 Füllen Sie die Mischung in den Espuma-Zubereiter, verschließen Sie ihn kräftig und schrauben Sie eine Gas-Patrone ein.

7 Geben Sie die Flasche für mindestens 2 Stunden in den Kühlschrank.

Tipp: Diese süße Creme eignet sich hervorragend für die Zubereitung von Dessert. Friert man sie nach dem Portionieren für 2 Stunden ein, hat man ein leckeres Himbeer-Eis.

MANGO-KOKOS-ESPUMA

500 ml

10 Min.

Leicht

Zutaten

200 g Mangopüree
225 ml Sahne
20 g Zucker
75 ml Kokosmilch

Zum Garnieren:
Kokosraspeln

1 Vermengen Sie alle angegebenen Zutaten miteinander. Pürieren Sie daraus eine homogene Masse.

2 Füllen Sie diese in den Espuma-Zubereiter. Drehen Sie ausreichend Gas-Kapseln hinein.

3 Stellen Sie die Flasche im Anschluss für mindestens 30 Minuten kalt.

4 Garnieren Sie den Espuma vor dem Servieren mit einigen Kokosraspeln.

Nährwerte p. P.

159 kcal
9 g Kohlenhydrate
12 g Fett
2 g Eiweiß

Bananen-Schaum

BANANEN-SCHAUM

 500 ml

 15 Min.

 Leicht

Zutaten

250 g Bananen
85 g Puderzucker
40 ml Zitronensaft
125 ml Sahne

Nährwerte p. P.

451 kcal
72 g Kohlenhydrate
16 g Fett
3 g Eiweiß

1 Pürieren Sie alle angegebenen Zutaten in einem Standmixer zu einem schaumigen Püree. Füllen Sie dieses durch ein feines Sieb in den Espuma-Zubereiter.

2 Verschließen Sie ihn und drehen Sie die Gas-Patronen hinein.

3 Stellen Sie die Flasche, nachdem die Patronen hörbar entleert sind, für 2 Stunden in den Kühlschrank.

Tipp: Diese Bananencreme eignet sich als süßer Dip für Obst oder Cracker, aber auch als Brotaufstrich für ein Bananenfrühstück.

ERDBEER-SCHAUM MIT KARDAMOM

4 Port.

10 Min.

Leicht

Zutaten

250 g Erdbeeren
1 Limette, ausgepresst
2 EL Zucker
2 TL Kardamom, gemahlen
50 ml Sahne
1 Blatt Gelatine

Nährwerte p. P.

84 kcal
15 g Kohlenhydrate
2 g Fett
2 g Eiweiß

1 Waschen Sie die Erdbeeren und entfernen Sie die Blätter sorgfältig. Pürieren Sie alle Erdbeeren, Limettensaft, Zucker und Kardamom miteinander.

2 Weichen Sie die Gelatine in Wasser ein. Drücken Sie sie im Anschluss aus. Rühren Sie Gelatine und Sahne unter das Erdbeerpüree.

3 Passieren Sie die Mischung gründlich durch ein feines Sieb.

4 Geben Sie sie anschließend in den Espuma-Zubereiter. Verschließen Sie diesen und drehen Sie ausreichend Gas-Kapseln hinein.

5 Stellen Sie die Flasche für mindestens 2 Stunden in den Kühlschrank.

VANILLE-ESPUMA

2 Port.

10 Min.

Leicht

Zutaten

200 ml Sahne
1 Vanilleschote
50 g Zucker

Zum Garnieren:
Himbeeren und Minzblätter

Nährwerte p. P.

202 kcal
19 g Kohlenhydrate
3 g Fett
4 g Eiweiß

1 Schneiden Sie die Vanilleschote der Länge nach auf und kratzen Sie das Mark heraus. Bringen Sie das Mark mit dem Zucker gemeinsam in der Sahne zum Kochen.

2 Köcheln Sie diese Mischung nur kurz auf und füllen Sie sie direkt durch ein feines Sieb in den Espuma-Zubereiter.

3 Verschließen Sie das Gefäß und füllen Sie ausreichend Gas-Patronen ein. Kühlen Sie den Vanille-Espuma mindestens 1 Stunde im Kühlschrank.

4 Spritzen Sie ihn im Anschluss mit einem mittelgroßen Aufsatz in Dessertgläser.

5 Garnieren Sie ihn mit einigen Himbeeren und Minzblättern.

Tipp: Mit diesem Vanille-Espuma lassen sich mit weiteren Kombinationen tolle Desserts anrichten.

MASCARPONE-ESPUMA

8 Port. 15 Min. Leicht

Zutaten

40 g Puderzucker
250 g Mascarpone
1 Blatt Gelatine
250 ml Orangensaft

Nährwerte p. P.

112 kcal
18 g Kohlenhydrate
16 g Fett
4 g Eiweiß

1 Vermengen Sie Puderzucker und Mascarpone miteinander. Dabei sollte sich der Zucker vollständig auflösen.

2 Weichen Sie die Gelatine in ausreichend Wasser ein. Drücken Sie sie im Anschluss aus.

3 Erwärmen Sie 3 EL Orangensaft mit der ausgedrückten Gelatine. Rühren Sie sie dabei immer wieder um, bis sie sich vollständig aufgelöst hat.

4 Rühren Sie jetzt den übrigen Orangensaft und die Mascarponecreme unter die aufgelöste Gelatine. Geben Sie die Creme durch ein feines Sieb in den Espuma-Zubereiter.

5 Verschließen Sie ihn und befüllen Sie ihn mit ausreichend Gas-Patronen. Stellen Sie die Flasche jetzt für mindestens 2 Stunden in den Kühlschrank.

6 Schütteln Sie sie und servieren Sie den Mascarpone-Espuma in gekühlten Dessertgläsern oder nutzen Sie ihn für andere Kombinationen.

Desserts

MILCHREIS MIT OBSTSALAT

2 Port.

25 Min.

Leicht

Zutaten

Für den Espuma:
100 g Milchreis
250 ml Milch
250 ml Sahne
2 EL Zucker

Für den Obstsalat:
4 Passionsfrüchte
12 Physalis
1 Mango
12 Himbeeren

Nährwerte p. P.

282 kcal
38 g Kohlenhydrate
20 g Fett
11 g Eiweiß

1 Kochen Sie Milch und Sahne kräftig auf. Rühren Sie Zucker und Milchreis unter und kochen Sie das Ganze noch einmal kräftig auf. Rühren Sie den Milchreis dabei gut um.

2 Garen Sie ihn jetzt 15 Minuten bei niedriger Wärmezufuhr. Rühren Sie ihn dabei weiterhin um. Lassen Sie den Milchreis etwas abkühlen.

3 Pürieren Sie ihn anschließend in einem Standmixer. Sollte die Mischung dabei zu fest werden, geben Sie etwas Milch hinzu.

4 Füllen Sie sie durch ein feines Sieb in den Espuma-Zubereiter. Verschließen Sie diesen kräftig und drehen Sie ausreichend Gas-Kapseln ein.

5 Bereiten Sie jetzt den Obstsalat zu. Waschen Sie das Obst gründlich ab. Halbieren Sie die Passionsfrüchte und entkernen Sie diese. Schälen Sie die Mango und schneiden Sie das Fruchtfleisch in Streifen. Halbieren Sie die Physalis.

6 Vermengen Sie das Obst miteinander.

7 Richten Sie den Milchreis in Dessertgläsern an und garnieren Sie ihn mit dem Obstsalat oder reichen Sie diesen in einem separaten Gefäß an.

PANNACOTTA-CREME

2 Port.

15 Min.

Leicht

Zutaten

75 ml Milch
1 Vanilleschote
1 Zitrone
70 g Vanillezucker
300 ml Sahne
2 Blätter Gelatine

Nährwerte p. P.

556 kcal
42 g Kohlenhydrate
39 g Fett
6 g Eiweiß

1 Schneiden Sie die Vanilleschote der Länge nach auf und kratzen Sie das Mark heraus. Reiben Sie die Schale der Zitrone mit einer feinen Reibe ab.

2 Bringen Sie Milch, Vanilleschotenmark, Zitronenabrieb, Vanillezucker und die Sahne zum Kochen. Lösen Sie die Gelatine darin auf.

3 Lassen Sie das Ganze für 10 Minuten bei geringer Wärmezufuhr köcheln.

4 Geben Sie die Mischung jetzt durch ein feines Sieb direkt in den Espuma-Zubereiter. Verschließen Sie diesen und drehen Sie die Gas-Patronen hinein.

5 Stellen Sie die Flasche für mindestens 2 Stunden kalt.

6 Servieren Sie die Pannacotta-Creme in gekühlten Dessertgläsern.

MOHNTARTE MIT BROMBEER-ESPUMA

6 Port.

40 Min.

Mittel

Zutaten

Für die Mohntarte:
6 Eier
220 g Puderzucker
220 g Butter
150 g weiße Schokolade
300 g Graumohn
1 Prise Salz

Für den Espuma:
300 g Brombeeren
3 EL Zucker
3 Blätter Gelatine
200 ml Prosecco

Nährwerte p. P.

330 kcal
31 g Kohlenhydrate
21 g Fett
3 g Eiweiß

1 Bereiten Sie zunächst den Espuma vor. Waschen Sie die Brombeeren und lassen Sie sie abtropfen. Weichen Sie die Gelatine für 10 Minuten in ausreichend Wasser ein. Drücken Sie sie im Anschluss aus.

2 Pürieren Sie die Brombeeren mit dem Zucker zu feinem Püree. Rühren Sie die Gelatine und den Prosecco unter. Geben Sie die Mischung durch ein feines Sieb direkt in den Espuma-Zubereiter. Verschließen Sie diesen sorgfältig und drehen Sie ausreichend Gas-Kapseln ein.

3 Stellen Sie die Flasche mit dem Brombeer-Espuma für 4 Stunden kalt. Bereiten Sie in der Zwischenzeit die Mohntarte vor. Heizen Sie den Backofen auf 175 Grad Umluft vor.

4 Trennen Sie die Eier. Schlagen Sie das Eiweiß mit 200 g Puderzucker schaumig auf. Schmelzen Sie die Butter und die Schokolade langsam in einem kleinen Topf. Rühren Sie den übrigen Zucker, Graumohn und das Salz in die Buttermischung. Heben Sie diese abwechselnd mit dem Eigelb unter das Eiweiß.

5 Fetten Sie eine Springform mit Butter ein. Befüllen Sie die Form mit dem Mohnteig und backen Sie diesen für 30 Minuten im vorgeheizten Backofen.

6 Lassen Sie die Tarte abkühlen. Schneiden Sie die Tarte in gleich große Stücke und garnieren Sie diese mit dem Brombeer-Espuma.

MANGOCREME-DESSERT

4 Port.

25 Min.

Leicht

Zutaten

200 g Mangopüree
200 ml Sahne
1 Pk. Sahnesteif
1 Pk. Vanillezucker

Zum Garnieren:
gehackte Pistazien

Nährwerte p. P.

202 kcal
9 g Kohlenhydrate
18 g Fett
2 g Eiweiß

1 Pürieren Sie alle angegebenen Zutaten in einem Standmixer zu einer homogenen Masse. Füllen Sie diese durch ein feines Sieb in den Espuma-Zubereiter.

2 Befüllen Sie diesen mit Gas-Patronen. Geben Sie ihn anschließend für 20 Minuten in den Kühlschrank.

3 Spritzen Sie die Creme in 4 kleine Dessertgläser. Garnieren Sie diese mit einigen gehackten Pistazien.

GÖTTERQUARK MIT WALDMEISTER

8 Port. 15 Min. Leicht

Zutaten

500 ml kaltes Wasser
1 Beutel Götterspeise Waldmeister
3 EL Ahornsirup
500 g Magerquark

Nährwerte p. P.

64 kcal
7 g Kohlenhydrate
9 g Fett
9 g Eiweiß

1 Geben Sie das Wasser in einen kleinen Topf. Rühren Sie das Götterspeisepulver und Ahornsirup unter und erhitzen Sie die Mischung – Vorsicht, nicht aufkochen. Lassen Sie sie anschließend kurz abkühlen.

2 Rühren Sie den Quark unter. Geben Sie sie jetzt in den Espuma-Zubereiter.

3 Befüllen Sie diesen mit Gas-Patronen und nehmen Sie die leeren Patronen heraus.

4 Lagern Sie die Flasche für mindestens 5 Stunden im Kühlschrank.

5 Verteilen Sie den Götterquark gleichmäßig auf Dessertgläser und servieren Sie ihn kalt.

FRISCHES SOMMERDESSERT

4 Port.

10 Min.

Leicht

Zutaten

300 g griechischer Joghurt
75 g Puderzucker
1 Limette
250 g Sahne

Zum Garnieren:
einige Limettenscheiben

Nährwerte p. P.

276 kcal
24 g Kohlenhydrate
17 g Fett
4 g Eiweiß

1 Pressen Sie die Limette aus. Vermengen Sie den Limettensaft mit allen übrigen Zutaten in einem Mixer.

2 Geben Sie die Creme durch ein Sieb in den Espuma-Zubereiter.

3 Verschließen Sie diesen und befüllen Sie ihn mit Gas. Geben Sie die Flasche für 2 Stunden in den Kühlschrank.

4 Spritzen Sie das Dessert durch einen großen Aufsatz in 4 Dessertgläser. Garnieren Sie diese nach Belieben mit einigen Limettenscheiben.

ZITRONENMOUSSE

4 Port.

20 Min.

Leicht

Zutaten

2 Zitronen
65 g Zucker
2 ½ Blätter Gelatine
330 g Naturjoghurt
(3,5 % Fettanteil)
160 ml Sahne

Zum Garnieren:
einige Minzblätter

Nährwerte p. P.

412 kcal
38 g Kohlenhydrate
24 g Fett
10 g Eiweiß

1 Waschen Sie die Zitronen. Pressen Sie sie aus und reiben Sie die Schale ab.

2 Lösen Sie die Gelatine in ausreichend Wasser auf. Drücken Sie sie im Anschluss gut aus.

3 Vermengen Sie alle Zutaten in einem Standmixer und pürieren Sie sie für etwa 30 Sekunden zu einer homogenen Masse.

4 Geben Sie sie sorgfältig durch ein feines Sieb und füllen Sie sie in den Espuma-Zubereiter.

5 Verschließen Sie diesen und drehen Sie ausreichend Gas ein. Geben Sie die Flasche für mindestens 2 Stunden in den Kühlschrank.

6 Schütteln Sie die Flasche vor dem Servieren. Spritzen Sie das Dessert in 4 Gläser und garnieren Sie es mit einigen Minzblättern.

Getränke und Shakes mit Espuma

ERDBEER-MILCHSHAKE

2 Port.

10 Min.

Leicht

Zutaten

200 g Erdbeeren
200 ml Milch
6 EL Vanilleeis

Nährwerte p. P.

210 kcal
29 g Kohlenhydrate
6 g Fett
5 g Eiweiß

1 Vermengen Sie die angegebenen Zutaten in einem Standmixer. Pürieren Sie sie mindestens 1 Minute lang, bis der Shake beginnt zu schäumen.

2 Füllen Sie diesen jetzt durch ein feines Sieb in den Espuma-Zubereiter. Verschließen Sie diesen und drehen Sie die Gas-Patronen ein.

3 Schütteln Sie die Flasche erneut und sprühen Sie den Milchshake durch einen großen Aufsatz in hohe Gläser.

SCHAUMIGER KIRSCHSAFT

1 Port.

5 Min.

Leicht

Zutaten

1 g Lecithin
200 ml Kirschsaft
Einige Eiswürfel

Nährwerte p. P.

232 kcal
48 g Kohlenhydrate
2 g Fett
0 g Eiweiß

1 Geben Sie Lecithin und den Kirschsaft direkt in den Espuma-Zubereiter.

2 Verschließen Sie ihn und schütteln Sie ihn kräftig. Geben Sie jetzt die Gas-Patronen in die Vorrichtung.

3 Schütteln Sie die Flasche erneut und sprühen Sie das Getränk direkt in ein hohes Glas.

4 Geben Sie nach Belieben einige Eiswürfel hinzu.

APFEL-MANGO-MOCKTAIL

2 Port.

5 Min.

Leicht

Zutaten

1 ½ cl Dattelsirup
1 cl Multivitaminsaft
1 cl Zitronensaft
1 cl Apfel-Mango-Saft
Eine Handvoll Eiswürfel

Nährwerte p. P.

104 kcal
19 g Kohlenhydrate
1 g Fett
0 g Eiweiß

1 Vermengen Sie alle Säfte sowie den Sirup miteinander.

2 Füllen Sie alles direkt in den Espuma-Zubereiter. Drehen Sie die Gas-Patronen hinein und schütteln Sie die Flasche. Spritzen Sie den Mocktail in 2 hohe Gläser.

3 Geben Sie einige Eiswürfel hinzu.

Tipp: Garnieren Sie diesen sommerlichen Mocktail am besten mit einer Scheibe Orange oder Zitrone.

SCHOKOLADEN-SHAKE

1 Port.

5 Min.

Leicht

Zutaten

150 ml Mandelmilch
100 ml Sahne
5 Eiswürfel
1 TL Backkakao

Zum Garnieren:
Sprühsahne und Schokoladensoße

Nährwerte p. P.

324 kcal
4 g Kohlenhydrate
32 g Fett
4 g Eiweiß

1 Geben Sie alle angegebenen Zutaten in den Standmixer. Pürieren Sie diese zu einer homogenen, schaumigen Masse.

2 Füllen Sie diese durch ein Sieb in den Espuma-Zubereiter. Befüllen Sie diesen mit den Gas-Patronen und schütteln Sie ihn.

3 Spritzen Sie den schaumigen Schokoladen-Shake in ein hohes Glas. Geben Sie etwas Sprühsahne und Schokoladensoße darauf.

Cocktails und alkoholischer Espuma

BAILEYS-ESPUMA

4 Port. 15 Min. Leicht

Zutaten

175 g weiße Schokolade
2 Eier
2 Eigelbe
250 ml Sahne
50 ml Baileyslikör

Nährwerte p. P.

504 kcal
32 g Kohlenhydrate
36 g Fett
7 g Eiweiß

1 Schmelzen Sie die Schokolade über einem Wasserbad. Rühren Sie die Eier und das Eigelb unter die Schokolade.

2 Geben Sie jetzt Sahne und Likör hinzu und rühren Sie die Mischung schaumig auf.

3 Füllen Sie sie durch ein Sieb direkt in den Espuma-Zubereiter. Verschließen Sie ihn kräftig und schrauben Sie die Gas-Patronen auf.

4 Stellen Sie den Likör in der Flasche für mindestens 1 Stunde in den Kühlschrank.

BELLINI-ESPUMA

4 Port.

10 Min.

Leicht

Zutaten

270 g Marillenmark
3 Blätter Gelatine
45 g Zucker
45 ml Grenadine-Sirup
45 ml Marillenlikör
90 ml Prosecco

Nährwerte p. P.

429 kcal
29 g Kohlenhydrate
20 g Fett
8 g Eiweiß

1 Erwärmen Sie das Marillenmark langsam in einem Topf.

2 Weichen Sie die Gelatineblätter darin ein. Verrühren Sie die Mischung kräftig, bis sich die Gelatine vollständig aufgelöst hat.

3 Rühren Sie die übrigen Zutaten ein, bis sich alles zu einer homogenen Masse verbunden hat.

4 Geben Sie die Mischung durch ein feines Sieb direkt in den Espuma-Zubereiter. Verschließen Sie diesen kräftig und geben Sie die Gas-Patronen hinein.

5 Stellen Sie die Flasche für mindestens 3 Stunden in den Kühlschrank.

KAFFEE-LIKÖR

4 Port.

15 Min.

Leicht

Zutaten

2 ½ Blätter Gelatine
275 ml Espresso
50 ml Likör (Kaffee- oder Eierlikör)
125 ml Sahne
75 g Zucker

Nährwerte p. P.

109 kcal
28 g Kohlenhydrate
20 g Fett
8 g Eiweiß

1 Weichen Sie die Gelatine in ausreichend Wasser ein. Drücken Sie sie anschließend aus.

2 Erhitzen Sie den Espresso, falls notwendig, auf 60 Grad.

3 Lösen Sie die Gelatine und den Zucker darin auf. Rühren Sie die Sahne vorsichtig unter.

4 Geben Sie den Likör in den Espuma-Zubereiter. Verschließen Sie ihn und drehen Sie ausreichend Gas-Patronen hinein.

5 Lagern Sie den Likör vor dem Servieren mindestens 8 Stunden im Kühlschrank.

WALDMEISTER-SCHAUM

 4 Port.  20 Min.  Leicht

Zutaten

3 Blätter Gelatine
2 Limetten
7 Blätter Waldmeister
100 ml Riesling
200 g Zucker
400 ml Wasser
50 g Vanillehonig
250 ml Sahne

Nährwerte p. P.

110 kcal
14 g Kohlenhydrate
8 g Fett
6 g Eiweiß

1 Weichen Sie die Gelatine in ausreichend Wasser ein. Drücken Sie sie anschließend aus.

2 Pressen Sie die Limetten aus. Waschen Sie die Waldmeisterblätter gründlich ab.

3 Kochen Sie den Riesling auf. Rühren Sie den Zucker ein, bis dieser beginnt zu karamellisieren. Rühren Sie ihn dabei ständig um.

4 Geben Sie jetzt Wasser, Honig, Gelatine, Waldmeisterblätter und Limettensaft hinzu und rühren Sie die Mischung kräftig durch. Nehmen Sie den Topf vom Herd und rühren Sie die Sahne unter.

5 Füllen Sie den Likör in den Espuma-Zubereiter und drehen Sie ihn kräftig zu. Drehen Sie ausreichend Gas-Patronen ein.

6 Lagern Sie den Likör bis zum Servieren im Kühlschrank.

PIÑA COLADA

1 Port.

10 Min.

Leicht

Zutaten

2 Blätter Gelatine
75 ml Kokosmilch
150 ml Ananassaft
20 ml Rum
2 EL Zucker

Nährwerte p. P.

205 kcal
9 g Kohlenhydrate
2 g Fett
2 g Eiweiß

1 Weichen Sie die Gelatine in ausreichend Wasser ein. Schlagen Sie die übrigen Zutaten in der Zwischenzeit schaumig auf.

2 Drücken Sie die Gelatine aus und rühren Sie sie unter den Schaum. Geben Sie ggf. 1 bis 2 EL des Wassers hinzu.

3 Sieben Sie die Mischung durch ein feines Sieb in den Espuma-Zubereiter. Drehen Sie ausreichend Gas-Patronen ein.

4 Stellen Sie die Flasche für mindestens 6 Stunden kalt.

5 Garnieren Sie den Espuma nach Belieben mit Ananasstücken oder Scheiben.

EIERLIKÖR-MOUSSE

4 Port.

15 Min.

Leicht

Zutaten

50 g weiße Kuvertüre
100 ml Milch
200 ml Sahne
100 ml Eierlikör
25 g Puderzucker

Nährwerte p. P.

340 kcal
9 g Kohlenhydrate
23 g Fett
15 g Eiweiß

1 Schmelzen Sie die Kuvertüre zusammen mit der Milch in einem kleinen Topf. Rühren Sie sie dabei ständig um, bis sie sich vollständig aufgelöst hat.

2 Lassen Sie die Mischung etwas abkühlen.

3 Geben Sie jetzt die übrigen Zutaten hinzu und rühren Sie sie kräftig unter. Achten Sie darauf, dass sich der Zucker vollständig aufgelöst hat.

4 Geben Sie die Creme durch ein feines Sieb in den Espuma-Zubereiter. Verschließen Sie ihn und befüllen Sie ihn mit Gas-Patronen.

5 Lagern Sie die Flasche bis zum Servieren im Kühlschrank.

6 Spritzen Sie die Creme in kleine Dessertgläser und garnieren Sie sie mit einigen Schokoraspeln.

Dips und Soßen

WARMES AIOLI

400 ml 15 Min. Leicht

Zutaten

75 ml Olivenöl
175 ml Sonnenblumenöl
1 Eigelb
4 Eier
Saft einer Zitrone
15 ml Essig
3 Zehen Knoblauch
1 Prise Salz
1 TL Senf

Nährwerte p. P.

310 kcal
2 g Kohlenhydrate
32 g Fett
3 g Eiweiß

1 Erwärmen Sie das Öl zusammen langsam auf ca. 60 Grad.

2 Pürieren Sie in der Zwischenzeit alle übrigen Zutaten mit einem Stabmixer.

3 Geben Sie das Öl hinzu und filtern Sie das Aioli durch ein feines Sieb in den Espuma-Zubereiter. Verschließen Sie ihn und drehen Sie ausreichend Gas-Patronen hinein.

4 Halten Sie das Aioli in der Flasche bis zum Servieren warm.

5 Schütteln Sie die Flasche vor dem Herausspritzen kräftig.

POLENTASCHAUM

500 ml

10 Min.

Leicht

Zutaten

450 ml Milch
40 g Polenta (Maisgrieß)
30 ml Olivenöl
Je 1 Prise Salz und Pfeffer
40 g Butter
10 g Parmesan

Nährwerte p. P.

105 kcal
5 g Kohlenhydrate
9 g Fett
2 g Eiweiß

1 Kochen Sie die Milch mit der Polenta unter ständigem Rühren auf. Lassen Sie sie bei mittlerer Wärmezufuhr für ca. 20 Minuten köcheln. Rühren Sie sie dabei regelmäßig um.

2 Geben Sie die übrigen Zutaten hinzu, bis sich die Butter vollständig aufgelöst hat. Pürieren Sie die Mischung mit einem Stabmixer.

3 Passieren Sie sie durch ein feines Sieb direkt in den Espuma-Zubereiter. Verschließen Sie diesen und drehen Sie die Patronen ein.

4 Stellen Sie die Flasche bei ca. 75 Grad in ein Wasserbad, damit die Creme warm serviert werden kann.

INGWER-ESPUMA

500 ml

15 Min.

Leicht

Zutaten

1 Vanilleschote
1 Limette
1 TL Ingwer, gerieben
40 g Honig
150 ml Weißwein
150 ml Sahne
70 g Puderzucker
3 Blätter Gelatine
250 g Naturjoghurt

Nährwerte p. P.

450 kcal
53 g Kohlenhydrate
19 g Fett
2 g Eiweiß

1 Schneiden Sie die Vanilleschote der Länge nach auf und kratzen Sie das Mark heraus. Waschen Sie die Limette, reiben Sie die Schale ab und pressen Sie den Saft aus.

2 Erwärmen Sie Vanillemark, Limettenabrieb, Limettensaft, Ingwer, Honig und Weißwein miteinander.

3 Köcheln Sie die Mischung bei mittlerer Wärmezufuhr ein. Lassen Sie den Topf dabei offen. Lösen Sie im Anschluss die Gelatine darin auf.

4 Rühren Sie die übrigen Zutaten langsam unter und geben Sie die Mischung durch ein feines Sieb.

5 Geben Sie die Masse jetzt in den Espuma-Zubereiter. Drehen Sie die notwendigen Gas-Patronen ein und geben Sie die Flasche im Anschluss für mindestens 3 Stunden in den Kühlschrank.

PECORINO-ESPUMA

4 Port.

40 Min.

Leicht

Zutaten

1 Lorbeerblatt
220 ml Milch
200 g Pecorino
120 ml Sahne

Nährwerte p. P.

288 kcal
39 g Kohlenhydrate
23 g Fett
14 g Eiweiß

1 Kochen Sie das Lorbeerblatt in der Milch unter ständigem Rühren kurz sprudelnd auf. Reduzieren Sie die Hitze anschließend auf ein Minimum.

2 Schneiden Sie in der Zwischenzeit den Pecorino klein. Rühren Sie Pecorino und Sahne unter die leicht köchelnde Milch.

3 Nehmen Sie den Topf vom Herd und lassen Sie das Ganze für 30 Minuten ruhen.

4 Lassen Sie die Mischung im Anschluss durch ein feines Sieb abtropfen.

5 Füllen Sie sie in den Espuma-Zubereiter. Verschließen Sie diesen und geben Sie ausreichend Gas-Patronen hinein.

6 Stellen Sie die Flasche für mindestens 1 Stunde in den Kühlschrank.

Tipp: Dieser herzhafte Espuma eignet sich als Dip, aber auch als Brotaufstrich.

KARTOFFEL-ESPUMA

2 Port.

30 Min.

Leicht

Zutaten

250 g mehligkochende Kartoffeln
150 ml Milch
25 g Butter
50 ml Kartoffelwasser
1 g Muskatnuss
1 Prise Salz

Nährwerte p. P.

139 kcal
23 g Kohlenhydrate
6 g Fett
4 g Eiweiß

1 Schälen Sie die Kartoffeln und bringen Sie sie in ausreichend Salzwasser zum Kochen. Garen Sie sie je nach Größe etwa 20 Minuten, bis sie gar sind. Pürieren Sie die Kartoffeln in einem Standmixer.

2 Geben Sie die übrigen Zutaten hinzu und pürieren Sie die Masse erneut. Geben Sie sie jetzt durch ein feines Sieb.

3 Füllen Sie die Kartoffelmischung jetzt in den Espuma-Zubereiter. Drehen Sie die Gas-Patronen ein.

4 Halten Sie die Flasche in einem Dampfbad warm.

5 Spritzen Sie den Espuma durch einen großen Aufsatz heraus.